कूज़ागर

सौ. मीनल आनंद विद्वांस

ISBN 979-888606426-1

आनंद तुम्हारे लिए
सौ. मीनल आनंद विद्वांस

क्रम-सूची

क्रम-सूची

क्रम-सूची

प्रस्तावना

कूज़ागर का मतलब है कुम्हार जो गीली मिट्टी से सुंदर आकार बनाता है। हर रचनाकार की इच्छा होती है कि उसकी रचना सबसे अच्छी हो, जो वह कहना चाहता है वह अपने पाठकों तक पहुँचा पाएँ। मेरी कविताएँ आपके मन को स्पर्श करें बस यही अभिलाषा है।

सभी पुस्तकों एवं मेरे लेखन को पाठकों का बहुत प्रेम मिला, मैं पाठकों की हृदय से आभारी हूँ।

अब आपके समक्ष मेरा स्वलिखित कविता संग्रह, "कूज़ागर" प्रस्तुत है। इस संग्रह को भी आपका प्रेम मिले ईश्वर के चरणों में यही कामना है।

सौ. मीनल आनंद विद्वांस

परिचय

नाम - सौ. मीनल आनंद विद्वांस

शिक्षा - बी. कॉम. , एल. एल. बी.

प्रकाशित रचनाएँ -

* "सविता ताई गोडबोले एक नृत्यांगना की जीवनी" प्रकाशित।

* "मी कविता करते" मराठी ई-पुस्तक प्रकाशित।

* उत्तरायण, श्रावणरंग मराठी लघुकथा संग्रह मे लघुकथा प्रकाशित।

* मराठी शॉपिजेन में भावविश्व कॉलम प्रकाशित।

* लघकथाएं मधुरिमा पेपर मे प्रकाशित, कविताएँ स्थानीय अखबार में प्रकाशित।

प्रस्तावना

भूमिका

हम सभी के जीवन में एक कूज़ागर एक रचयिता होता है, जो हमें बनाता है, रचता है।

परिपक्व होने के बाद ऐसा लगता है जो हुआ, वह और अच्छी तरह से किया जा सकता था। भूतकाल में हमेशा ही सुधार की दरकार रहती है, लेकिन भूतकाल को बदला नहीं जा सकता, भूतकाल से सीख लेकर भविष्य जरूर सुधारा जा सकता है।

इस काव्य संग्रह में सभी जीवन से जुड़ी हुई कविताएँ है, जीवन जो अब तक समझा वह काव्यरूप मे संग्रहित है।

पावती (स्वीकृति)

धन्यवाद!
सभी आलोचनाओं का, राह की कठिनाइयों का और निःस्वार्थ प्रेम का जो लिखने के जोश को दुगुना कर देता है।

आमुख

कूज़ागर - कुम्हार, मिट्टी के बर्तन बनाने वाला
बावफ़ा - वफादार
अफ़साने - किस्से
फ़लसफा - तर्क, ज्ञान
ज़मीर - अंतरात्मा, अंतःकरण
सफ़र - यात्रा
दरवेश - भिक्षुक
आज़माइश - परख, प्रयोग
तदबीर - युक्ति
अंगना - रूपवती स्त्री
आफताब - सूर्य

1. *कूज़ागर*

कूज़ागर मुझे फिर से बना
वहीं गीली मिट्टी
जिसे फिर से आकार दिया जा सके
जीने के नए सलीके सिखाएँ जा सके
नए फलसफे नई मंजिलें बनाई जा सके
नए सपनें बुन सके
नयी यादें बना सके
झूठ फ़रेब से ऊपर उठ कर
फिर से दे वह गीली मुलायम मिट्टी
नवजात शिशु हो जैसे
फिर से एक नया आकार बना
फिर से तपने दे अनुभवों की भट्टी में
जिसमें समा सके, जायके सभी, इस जीवन के
और मैं खोजूँ उसे
फिर से एक
नया आयाम
नयी सोच बनकर
और...
और फिर से बिखर जाऊँ एक सुंदर सा ख़्वाब बनकर

2. *कुछ उम्मीदें....*

कछ उम्मीदें लिख
कुछ बहारें लिख
कष्ट तो सभी को मिलतें हैं
तु उनसे लड़ना सीख
शत्रु तो मिल ही जाते हैं
तु दोस्त बनाना सीख
जीवन मे हार तो मिलती ही है
तु हौसला बढ़ाना सीख
जीवन सभी के लिए कठिन है
सही रास्ते पर चलना सीख
और कुछ हो ना हो
हर हाल में मुस्कुराना सीख
जीवन सभी के लिए पहेली है
पहेली मे उलझना नहीं!
उसे सुलझाना सीख
रोते बिलखते नहीं
हर हाल में जीना सीख
साहस से
जीवन का मुकम्मल अफ़साना लिख

3. *चाँद*

बचपन मे मामा बन इठलाता था
किस्से कहानियों का राजा बनता था
युहीं इठलाता ना जाने कब धरा पर उतर आया
उसके सलोने मुखड़े में वह मुस्काया
चाँद सा सलौना ना जाने कब गोद में आया
उसकी मिठी तुतलाहट से मेरा मन हर्षाया
पुनम के चाँद सा वह बढ़ता है
उसकी रोशनी से घर-आँगन दमकता है
अब मेरा चाँद भी चाँद के सपने देखता है
मेरे सुनहरे सपनें अब वह भी जीता है
मैं बैठा हूँ अब निःशब्द सा
उसके भावों को समझता सा
क्योंकि यह चाँद बड़ा बातूनी है

4. *बावफ़ा*

• 4 •

बावफ़ा कौन है
यह सूरज या पूनम का चाँद
उसकी हँसी या आँखों की चमक
दिन का ढलना या सुबह सितारों का जाना
उसका देर से आना और फिर जल्दी जाने का बहाना
मेरा इंतजार या फिर उसका इकरार
फिर पूछ ही लेता हूँ मैं खुद से
बावफ़ा कौन है

5. *थोड़ी सी मोहलत तो मिले ज़िन्दगी..*

कुछ छुट गया है
कुछ ज्यादा मिला है
कुछ हिसाब अभी बाकी है
कुछ दरवाजे अभी बंद है
रूठना अब बिसरना है
हारना अब छोड़ना है
लेकिन
थोड़ी सी मोहलत तो मिले ज़िन्दगी

6. *जिन्दगानी*

बिखरे हुए अनुभवों की कहानी
कहीं खुशी के आँसू, किसी का दुःख बेमानी
कहीं जिंदादिली, कहीं बेरूखी की रवानी
बुढ़ी आँखे बाट जोहती, मस्ती में जवानी
सच्चाई राह ताकती, मिले धोखें बेईमानी
जीने की राह ढुंढती, कहीं जीना बेमानी
हरेक का फ़लसफ़ा अलग, राहें अन्जानी
बिखरे हुए किस्सों की माला बनाती
बेहतरीन किताबें हो जैसे
हर एक की जिंदगानी.....

7. *तुम हो मैं हूँ*

तुम हो, मैं हूँ
श्वास है, विश्वास है
जीवन है, सुंदर विचार है
फुल है, काँटो से मैत्री है
प्रयत्न है, हार से सीख है
स्वावलंबन है, मित्रों से सच्ची दोस्ती है
अंत है, तो प्रारंभ का विश्वास है
फिर किस बात की कमी है

8. *ये छोटे से बच्चे*

हॉफ पेंट में घुमते
कभी फुल, कभी अखबार बेचते
जीने की जद्दोजहद में
सभी से कुछ कहते
ये छोटे से बच्चे
कभी छोटू कभी कालू
अनेक नामों से जाने जाते
हरदम मुस्कुराते
अपने घरों के बड़े है
ये छोटे से बच्चे
माँ की दवाई लाते
बहन की फीस चुकाते
बढ़े होने की कीमत में
अपना बचपन चुकाते
ये छोटे से बच्चे
पाठशाला को बाहर से देखते
जीवन के कठिन पाठ सीखते
ना कोई शिकवा ना कोई गीला करते
जीवन में आगे बढ़ते
ये छोटे से बच्चे
एक छोटे से घर में
छोटी सी जिद को पूरा कर
बड़ी सी खुशियाँ पाते

सौ. मीनल आनंद विद्वांस

बड़े होकर भी
कभी-कभी अपना बचपन तलाशते
ये भागते दौड़ते मुस्कुराते
सबसे बड़े ये छोटे से बच्चे

9. *लिखना चाहती हूँ...*

लिखना चाहती हूँ
कुछ अनकहे से किस्से
कुछ अनकही सी बातें
कुछ आसमा के रंग
कुछ धुंधली सी यादें
कुछ सच्ची बातें
कुछ झुठे अफ़सानें
कुछ बेफिक्रें से दिन
कुछ अनसुनी सी रातें
कुछ सीखें, जो ठोकर खाकर पाई हैं
कुछ गलतियाँ, जिनकी किमत चुकाई है
कुछ यादें, जो अभी आँखों में उतर आई है
कुछ मुलाकातें, जो अभी अधूरी सी है
कुछ राहें, जो बेमानी सी है
कुछ जो बिसरा दिया है...लेकिन!
यादों का भरम अभी बाकी है
लिखना चाहती हूँ......मगर!
फिर... खो जाती हूँ
कुछ अकल्पित से दिनों में
कुछ उम्दा सी रातों में
लिखना चाहती हूँ

10. *मुक्त*

जाना चाहती हूँ वहाँ
जहाँ शांति है मन की
जहाँ मै खोज पाऊँ स्वयं को
घने अंधेरो में भी
दिन के उजालो में भी
सूरज की गर्मी में तरल करू
मन की उदासी को
गहरी पैठ जमाई हुई उकताहट को
साफ धो लु दुःखो की गंदगी को
जिसने जकड़ कर रखा है मुझे
मुक्त करू स्वयं को
स्वयं के बनाएँ अफ़सानों से

11. *यह उसूलों के सिक्के*

खामोशी से
अपनी हर बात कहते हैं
बेबाक होकर
खनखनाते हैं
बेआवाज होकर
जिंदा मिसाल बन जाते है
यह उसूलों के सिक्के

12. *आँसुओं की भाषा*

दुःख सुख से परे
आनंद अपमान से परे
क्या होती है
आंसुओं की भाषा
या
यूँहीं अनामंत्रित
आ जाते है नयनों मे
कर देते है मुखर उसे
जो अदृष्ट है तुझमें
इस देह से परे
एक असीम उर्जा
अब वह दृष्ट है
बनके
आंसुओं की भाषा

(१३)

शाम के साहिलों पर

शाम के साहिलों पर
कुछ मुसाफिर बैठे हैं
अब राह किस मोड़ पर जाती है
यही टकटकी लगाए बैठे हैं
जानते नही अभी-भी

राहें नही जानती
उन्हे किस मंजिल पर जाना है
हर नए सफ़र मे
एक नयी मंजिल है
हर नयी मंजिल नयी राह ढूंढती है
नयी मंजिलें बनाते
नयी राह बनाते
कोई और नहीं
शायद
हम ही बैठे हैं
शाम के साहिलों पर
कुछ मुसाफिर बैठे हैं
जीवन की शाम पर
हम ही खोये से बैठे हैं

13. *शाम के साहिलों पर*

शाम के साहिलों पर
कुछ मुसाफिर बैठे हैं
अब राह किस मोड़ पर जाती है
यही टकटकी लगाए बैठे हैं
जानते नही अभी-भी
राहें नही जानती
उन्हे किस मंजिल पर जाना है
हर नए सफ़र मे
एक नयी मंजिल है
हर नयी मंजिल नयी राह ढूंढती है
नयी मंजिलें बनाते
नयी राह बनाते
कोई और नहीं
शायद
हम ही बैठे हैं
शाम के साहिलों पर
कुछ मुसाफिर बैठे हैं
जीवन की शाम पर
हम ही खोये से बैठे हैं

14. *सपने के घरौंदे*

रहने दे मुझें मेरे सपने के घरौंदे में
बाहर दुनियाँ तौलती है
हर जज्बात को
हर एहसास को
हर रिश्तें को
प्रेम को
हर एक आह को
समर्पण को
हर चिंता को
अपने-अपने पैमानों पर
रहने दे मुझें मेरे सपने के घरौंदे में
जहाँ हर किसी का मर्ज अपना सा लगता है
हर मर्ज की दवा ढूंढना भी अच्छा लगता है
सभी में मैं
और
मैं मे सभी को पाना सुकून देता है
रहने दे मुझे मेरे सपने के घरौंदे में

15. *मातृ दिवस*

उसका दिल ना दुखाया
उसकी कहीं हर बात सुन ली
उसके कामों में मदद कर दी
कभी उसकी परेशानी सुन ली
उसकों कभी हँसा दिया
कभी थोड़ा-सा प्यार से चिढ़ा दिया
कभी उसकी गोदी में सर रख दिया
अमृत भोजन तृप्त होकर खाया
जीवन उसका आशिर्वाद माना
कोई बात नहीं
अगर कभी-भी तुमनें
मातृ दिवस ना मनाया

16. *मिलों तो बस इसी तरह मुझसे*

मिलों तो बस इसी तरह मुझसे
जैसे आत्मा इस देह में है
दृश्य से परे है
जल से जीवन है
अदृश्य है पर व्याप्त है
मृत्यु जन्म से ही अटल है
मिथ्या नहीं सत्य है
बस ऐसे ही मिलो मुझसे
सब से परे किंतु सत्य
मिलो तो बस इसी तरह मुझसे

17. *ग़म*

हर किसी की गलती पर झांकने लगते हो ज़मीर अपना
औरों के ज़मीर क्याँ कभी खता नहीं करते हैं?
औरों की गुस्ताखियों को नजरअंदाज करते हो
क्याँ लोग तुम्हारी गलतियों को भुलाया करते हैं?
यह जीवन है जनाब इसी तरह चलता हैं
यहाँ कांटों को फूल, फूलों को कांटे कहा करते हैं
ग़म, परेशानियों का बाज़ार नहीं सजता यहाँ
जीते वही, जो ग़म को भी!
खुशियों का मंजर कहा करते हैं

18. *ए दोस्त*

ए दोस्त दिल को थोड़ा बड़ा रखना
खुशियों के साथ गम के लिए भी थोड़ी जगह रखना
सफलता के साथ विफलता को भी पनाह देना
हंसने के बाद रोने के लिए भी वक्त देना
दोस्त तो बहुत मिलेंगे मगर....
दुश्मनों के लिए भी जिन्दगी में जगह रखना
जीना नहीं है आसान
लेकिन
अपना जीवन मुकम्मल करने के बाद ही
मृत्यु की शरण लेना...
ए दोस्त दिल को थोड़ा बड़ा रखना

19. *सुंदर सा घर*

सुंदर सा घर
प्रेम में पगे हर पल
सुखवस्तू से सजा दिनक्रम
और रिश्तों की सुंदर झालर
बस दिखते नही
श्रम जो घर की ईंटों मे छुपे है
दुःख जो प्रेम के भीतर छुपे है
निराशा, राग, लोभ के आघात
जो रिश्तों को सहेजने में लगे है
बस दिखता है
एक सुंदर सा घर ...
प्रेम में पगे हर पल...

20. *तदबीर*

दर्जनों फ़ानूस मौजूद है मगर
रब ने तदबीर से जो लिखा है, वहीं बेहतर होगा
दुनिया में सच्चा हमदर्द, मौजुद हो ना हों
रब ने दिया हर ग़म, सहारे से बेहतर होगा
मैं कोई दरवेश नहीं, जिंदा हूँ मैं यह मेरा कसुर नहीं
बस यकीं है खुद पर, इस लौ की रोशनी पर
उसने कुछ सोच कर ही, इस ज़मीं पर भेजा होगा
इस ज़मीं पर भेजा होगा
दर्जनों फ़ानूस मौजूद है मगर..

21. *तेरे साथ रहकर*

रहता हूँ सपनो में, सुन्दर से घरौंदों में
लेकिन ख्वाहिशों में जीने का, मज़ा ही कुछ और है
तेरे साथ रहकर तुझे सोचने का मज़ा ही कुछ और है
तेरा खयाल तेरी गुस्ताखियाँ, तेरी नजर तेरी कहानियाँ
एक नयी सी शाम, कभी अलमस्त भोर के सपने
जीवन के नये अंदाज सिखने का, मज़ा कुछ और है
तेरे साथ रहकर तुझे सोचने का मज़ा ही कुछ और है
जीवन तेरे नाम कर आया हूँ
खूली किताब हूँ, एक बंद लिफाफा छोड़ आया हूँ
अनकही सी एक गुंज का, मज़ा ही कुछ और है
तेरे साथ रहकर, तुझे सोचने का मज़ा ही कुछ और है
जीवन एक चुनौती हैं
कभी पहेली, कभी खेल, कभी सपनों की पूर्ति है
हर पल साथ हो तुम, इस एहसास का मज़ा ही कुछ और है
तेरे साथ रहकर, तुझे सोचने का मज़ा ही कुछ और है

22. *मेरी माँ*

उपर से शांत अंदर से हलचल है
हमारी गलतियों से छलनी उसका आंचल है
फिर भी प्रेम उर्जा बरसाती है

कुछ कहती नही है, बस मुस्कूराती है
शांत जैसे नदी, विशाल जैसे सागर है

जीवन उसका जैसे, ठहरा हुआ प्रेम का बादल है
बरस जाता है, मन मेरा जब मरु हो जाता है
फिर भी जताती नही है बस मुस्कूराती है
उसका प्रेम मेरा छुपा हुआ खजाना है
लगाव कभी दिखाती नहीं
उपकार कभी जताती नहीं
कुछ कहती नही बस मुस्कूराती है
मेरी माँ सबसे निराली है

23. *जिंदगी*

जब रोती हूँ तो मुस्कुराने का मौका देती है
जब हंसती हूँ तो रोने के सलीके सीखा देती है
जहाँ उम्मीदे थी वहाँ से खाली हाथ लौटा देती है
जहाँ उम्मीद नहीं वहाँ आंचल भर कर खुशियाँ देती है
मांगने पर कुछ भी ना दें
मेहनत करने पर दुनिया कदमों में झुका देती है
तुझसे ही सीखा है जीने का सलीका
क्योंकि तु हर गलती की सज़ा देती है
तुहीं आज़माइश मेरी तुहीं पाठशाला
तुहीं अनुभूति मेरी तुहीं कर्मक्षेत्र
लिए ज्ञान का सागर
अब तुहीं तो मुझमें शेष
हर पल, हर सांस जैसे उम्दा अनुभव
कोई कहे परीक्षा
कोई कहे जिंदगी तुझे
मेरे लिए तो एक नायाब सफ़र हो
एक सफ़र जिसमे राही भी सफ़र है
और मंजिल भी सफ़र

24. *कृष्ण*

कृष्ण एक गौपालक या विश्व गुरु
कृष्ण छल या सत्य बताने की अदम्य अभिलाषा
कृष्ण काला या नीला विशाल अनंत आसमान
कृष्ण प्रेम या निष्ठुरता
कृष्ण मेरे अंतस में बसा
काली घटाओं में छुपा
एक दिया
प्रेम का
आस्था का

25. *क्या मैं तुम जैसी बन पाऊँगी*

क्या मैं तुम जैसी बन पाऊँगी

पल पल अपमान सह कर भी

सौ गलतियाँ माफ कर पाऊँगी

तुम्ही बताओ कान्हा

क्या मैं कभी कृष्ण बन पाऊँगी

शाश्वत ज्ञानी होने के बाद भी

क्या भव प्रेम में रम पाऊँगी

गौपालों के साथ माखन खा पाऊंगी

तुम्ही बताओ नंदन

क्या मैं कभी कृष्ण बन पाऊँगी

अधर्मी के संग

वचनबद्ध सत्य को देख

उनका अंत कर पाऊँगी

तुम्ही बताओ अच्युत

क्या मैं कभी कृष्ण बन पाऊँगी

दुर्दिनों को भोगते शौर्य को

साहस का ज्ञान दे पाऊंगी

भयभीत सत्य को गीता का आधार दे पाऊँगी

तुम्हीं बताओ द्वारकाधीश

क्या मैं कभी कृष्ण बन पाऊँगी

दुष्टों के बिच फँसी स्त्री कों

विश्वास का साथ दे पाऊंगी

त्रस्त जननी को आत्मविश्वास दे पाऊँगी
तुम्हीं बताओं तारणहार
क्या मैं कभी कृष्ण बन पाऊँगी
कृष्ण मैं बन ना पाऊँ कभी
मैं गीता संदेश जरूर पाऊंगी
तुम्हारे वचनों का पालन कर
मैं तुम जैसी ना सही
तुम्हारी अनुगामी अवश्य बन पाऊंगी
हाँ मैं कृष्णरंग मे रंग जाऊंगी

26. *क्या सच तुम मुझे प्रेम करते हों*

शिकायतें बहुत ज्यादा करते हो
क्या सच तुम मुझ से प्रेम करते हो
छोड़ जाते हो मुझे बीच राहों में
निःशब्द मुझे सरेआम करते हो
जिंदगी की दौड़ में खो जाते हो
साथ छोड़ अपनी राह चले जाते हो
फिर आ जाते हो गुजरा वक्त बनकर
क्या सच तुम मुझे प्रेम करते हो
फिर क्यों पुराने गीत गुनगुनाते हों
क्यों अभी भी भुतकाल में जीते हों
या मुझे भरमाने का नाटक करते हों
क्या सच तुम मुझे प्रेम करते हों
क्या तुम मुझे पिछले वर्ष दे पाओगे
झुठे वादे तो बहुत हो गऐ
क्या नई तदबीर लिख पाओगे?
क्या सच तुम मुझें प्रेम करते हों
बहता पानी रुकता नही
जीवन कभी झुकता नही
समय कभी वापस आता नहीं
तुम सिर्फ शिकायतें करते हो
क्या....
सच तुम मुझे प्रेम करते हो

27. *खुशनसीब हूँ मैं*

कोई तो है इस जीवन सफर में
जीनसे मैं कभी रूठा नहीं करता
यूँ तो कई मिलते हैं
हर क्षण, प्रतिपल
किन्तु कुछ है जो मुझमें ही गुम है
उनसे मैं कोई शिकवा नहीं किया करता
बरसती है उनकी प्रेमवर्षा प्रतिपल मुझपर
उनसें मिला कुछ भी मैं जाया नहीं करता
हाँ खुशनसीब हूँ मैं
क्योंकि कोई तो हैं . . ...

28. *कविता जन्म लेती है*

क्या! कविता तभी जन्म लेती है
जब मन उदास हो
क्या! कविता तभी साकार होती है
जब जीवन में कोई आस ना हो
क्या! कविता तभी जन्म लेती है
जब खुशियों से मन सरोबार है
क्या! कविता तभी धीरे से गुनगुनाती है
जब मन में कुछ छुपा हो
जो अनकहा है
जो अनसुना है
जो छुपाया है
मन की परतों के अन्दर
जो समाया है मुझमें
मुझी से छुपकर तब
कविता जन्म लेती है

29. *जादू है...*

कुछ अधुरी
कुछ मुकम्मल
कुछ प्रेम बढ़ाती
कुछ नया जीवन दे जाती
कुछ श्वास बन कर गुनगुनाती
कुछ फुल बनकर महकती
कुछ मिठी सी यादें
कुछ खुद को भुलकर दुसरो के लिए जीना सिखाती
जादू है इश्क की कुछ कहानियाँ

30. *रेखाएँ*

हथेली की रेखाएँ
कभी भविष्य बताती
कभी भुतकाल बताती
सूनते हैं यह भाग्य बताती है
मैंने स्वयं खींच ली है
कुछ रेखाएँ अपनी हथेली पर
तुम अधीन नहीं हो मेरे
रेखाएँ मुझे तो बस!
यही कहती हैं

31. *सृजन का अधिकारी*

हम सभी के जीवन मे कोरोना काल एक बहुत बड़ा संकट बन कर आया। हमारी दिनचर्या, हमारे जीवन को बदल दिया। तब मानव और प्रकृति का संभाषण "सृजन का अधिकारी"।

सृजन का अधिकारी

सुर्य ऊर्जा बिखेर रहा है
पक्षी कलरव कर रहे हैं
तितली फूलो पर मंडरा रही है
फूल मुस्कुरा रहे हैं
सभी खुश और जिंदादील नजर आते हैं
फिर मैं कैद में क्यों हूं माँ?
जीवन अपनी गति से चल रहा है
मैं भी सांस ले रहा
अपने परिवार के साथ हूं
सबका कुशल चाह रहा हूं
सबके साथ तुम्हारे पास रहना चाहता हूँ
फिर मैं कैद में क्यों हूं माँ?
मैं सब पर समान प्रेम करती हूं
और गलती होने पर समान दंड देती हूं
स्वयं के गिरेबान में झांक मानव
क्यां विनाश स्व आमंत्रित नहीं?
मैं तुम्हारी चिन्हित रेखाएँ नही जानती प्रिय

अब तुम स्वयं, स्वयं से ही पुछो
तुम कैद में क्यों हो?

कुछ तो कहो माँ
कुछ उपाय तो बताओं माँ
क्या मैं तुम्हें प्रिय नही?
माँ तो वरदान होती हैं
जीवनदाता होती हैं
मानव अन्य सभी पृथ्वीवासी
तुम्हारी शिकायत करते हैं
तुम उनका ग्रास भी! हर लेते हों
यही गिला करते हैं
मैं सब गिले - शिकवे दूर कर दूंगा
आप कहों तो क्षमा याचना कर लूंगा
जैसा आप चाहों अब वैसा ही होगा माँ
कुछ तो उपाय बताओं माँ
कुछ तो उपाय बताओं माँ
क्यां बदलेगा प्रिय!
फिर तुम स्वयं को सम्राट समझोगे!
पृथ्वी पर प्रदूषण बढ़ाने का अधिकारी समझोगे!
तुम ही बताओं क्यों तुम्हे क्षमा मिले?
फिर से जीने का, क्यों अधिकार मिले?
माँ अब मैं पृथ्वी को अपना गृह मानूंगा
सभी प्राणियों के साथ परिवार बन कर रहुंगा
अब कोई अत्याचार ना करूगाँ
जैसा तुम कहोगी वैसा ही बन कर रहूगाँ

फिर जननी पर अत्याचार होंगे

धर्म के नाम पर व्याभिचार होंगे

फिर अपने ही बांधवो सें युद्ध करोगे

क्यों फिर तुम्हें घृणा फैलाने का अधिकार मिलें?

क्यों तुम्हे फिर जीने का अधिकार मिलें?

माँ कृतघ्न था ...अब कृतज्ञ रहूगाँ

सबके साथ प्रेम व अपनेपन सें रहूगाँ

अब तो क्षमा कर दो माँ

अब तो क्षमा कर दो माँ..

कहते कहते मानव की आवाज भर आई

मेरे मन में तुम्हारे लिए कोई द्वेष नहीं

तुम मेरे सबसे प्रिय पुत्र हो, कोई भग्नावशेष नही

बाह्य सृजन बहुत हुआ, अब आत्म मंथन की बारी हैं

मन की गहराईयों में ढूंढो स्वयं उत्तर पाओगे

इस कोरोना की जंग को कैसे जीता जाए?

यह निश्चीत ढूंढ लाओगे

क्योंकि मेरे पश्चात बस तुम ही सृजन के अधिकारी हों

क्योंकि मेरे पश्चात बस तुम ही सृजन के अधिकारी हों

32. *अभी बाकी है*

सांस अभी थमी नहीं
आस अभी गई नहीं
पैर अभी रूके नहीं
सपने अभी बाकी है....
तुम अभी गए नहीं
मैं अभी सोई नहीं
समय अभी रुका नहीं
उम्मीद अभी बाकी है.....
मानवता खत्म हुई नहीं
प्रयास अभी रूके नहीं
जीवन अभी हारा नहीं
शुक्र मनाओं
इंसानियत अभी बाकी है....

33. *रुकना तेरा काम नहीं*

हाँ जीवन डगर कठिन है! मिला है जो वह नसीब है

जीत हार संजोग है, कहीं लाभ - कहीं हानि

तो कहीं सिर्फ भोग है, पर जब तक श्वास- प्रश्वास है

तब तक रुकना तेरा काम नहीं

हाँ वह दीर्घ श्वास लेना चाहती है

स्वयं का अस्तित्व सिद्ध करना चाहती है

उसकी अग्नी परिक्षा में स्वयं को सिद्ध करेंगे

पर जब तक श्वास प्रश्वास है

तब तक रूकना तेरा काम नही

34. *हम धीरे-धीरे मरने लगते हैं*

ठहाके जब बेमन मुस्कुराहटों में बदलने लगे

बच्चों कि चुलबुलाहट से जब झुंझलाहट होने लगे

अमत्रणं जब जी का जंजाल लगने लगे

तब हम धीरे-धीरे मरने लगते हैं

गुनगुनना छोड़, लोग क्या कहेगें! सोचने लगे

रीमझीम बारिश से भी बचने लगे

इकट्ठा करने लगे वेदना मन की गहराईयों में

तब हम धीरे-धीरे मरने लगते हैं

दो कदम चलने में जब ना नुकूर करने लगे

दोस्तो से जब दुरिया बढ़ाने लगे

हरेक उतर पर एक प्रश्नचिन्ह लगाने लगे

यकिन मानिए तब हम धीरे-धीरे मरने लगते है

साँसों का हिसाब ना कर

शर्तों की किताब ना कर

एक भी क्षण ना लौटेगां

स्वयं को खूश बेहिसाब कर..

स्वयं को खूश बेहिसाब कर...

35. *बेड़ियाँ*

सदियों से बेड़ियो में जकड़ी हुई नारी,
करती है किसी का इंतजार
कोई तोड़े बेड़ियाँ उसकी,
यही उसका एतबार
लेकिन ना टूटती है बेड़ियाँ उसकी
ना खत्म होता है इंतजार
कोई तो उड़ने दे उसे नील गगन में
छूने दे चाँद सितारे

उसके मुख पर भी हो
सुरज से उजियारे
लेकिन वह करती रहती है
इंतजार इंतजार बस इंतजार
फिर एक दिन स्वर्ण सा दीप्त मुख उसका
खिल रहा था फूलों कि तरह
बेड़ियां खुल चुकी थी उसकी
उड़ रही थी गगन में वह
उसे अब ना था किसी का इंतजार
क्योंकि वह स्वयं ही स्वयं का आधार
जब तक नारी स्वयं को ना पहचाने
तब तक बेड़ियाँ ही उसकी साथीदार
क्योंकि स्वयं ही स्वयं के बंधन में,
स्वयं ही स्वयं से मुक्त,

इस भव बन्धन मे हर नारी

36. *कहाँ कितना झुका जाएँ*

कहाँ कितना झुका जाएँ

कहाँ कितना सुना जाएँ

किसको क्याँ कहा जाएँ

मेहरबानियों का दाम दिया जाएँ

मान के बदले मान दिया जाएँ

बोझ जो समझते थे!

उनका भी गम किया जाएँ

या जिंदा रखने का भी दाम दिया जाएँ

थंडी हुई चिताओं को!

क्याँ फिर से गर्म किया जाएँ

बहुत हुई बरबादियाँ हमारी

अब जरा स्वयं पर ही रहम रखा जाएँ

हमें तो माफ कर दिजिये जनाब

अब बस कोई हिसाब नहीं

जिंदा है हम

लेकिन....

अब कोई एहसान नहीं

37. *जीवन वहीं*

क्या वर्तमान सच में पुराने कर्मों का आईना है!.... या
यह सिर्फ उलझी सी निराशाओं का खिलौना है!.... या
जीवन वही जो खिलने को बेताब है!......या
परेशान वही जो लम्हे को जीना जानता ही नहीं.....या
खुली किताब मे छुपा कोई सुखा फूल है.........या
सुबह की ओस पर सुंदर सा सजा फूल है.......या
जीवन वहीं जहा तू मेरी राह तकता हों और मैं ....
और मैं तुझमें खोने को बेकरार

38. *अंगना*

हाँ मैं क्यों सम्मान दूँ तुम्हें
क्यों पलके बिछाऊँ तेरे आने पर
क्यों तुम्हारें नाज नखरे उठाऊँ
क्याँ तुम कोई सुंदरी हो
एक अदनी सी स्त्री ही तो हों
जिसके आने से मकान
अब घर कहलाता हैं
एक सुना पड़ा कोना भी
मुस्काता हैं
दिन भर थकने के बाद
तन नहीं मन भी
घर वापस आना चाहता है
एक सामान्य अंगना हों
जीससे मेरा जीवन महकता हैं
एक क्षुद्र अबला ही तो हों
जिससे नवअंकुर उमलता हैं
फिर भी
क्यों मैं सम्मान दू तुम्हें.....

39. *सुना है....*

सुना है वह अभी बहुत कष्ट में है
कहते हैं उसके अच्छे कर्मों का नतीजा है
हाँ सुना है वह जिंदगी में असफल है
शायद कोशिशों की अति का फल है
हाँ सुना हैं वह रोता बहुत है आजकल
लोगों को बहुत हँसाने का प्रतिफल है
हाँ सुना है वह जी नही पाया उम्मीद से ज्यादा
किसी को भी ना नही कह पाने का नतीजा है
सुना है अच्छाइयों की उम्र बहुत छोटी है आजकल
थोड़ा स्वयं का ख़याल रखना ज्यादा अच्छा है

40. *जीवन संध्या*

क्या शाम कुछ ऐसी ही होती है
थोड़ी सी थकी
थोड़ी सी गहरी
खत्म करती हर इंतजार
जो पा लिया बस उसी का स्वीकार
बस अब दिन ढलने को है
रात अब होने को है
खत्म है सारी ख्वाहिशें मेरी
नये सवेरे में मुझे
फिर रहेगा नये सपनों का इन्तजार
क्याँ जीवन संध्या भी कुछ ऐसी ही है
थोड़ी सी थकी....

41. *एक छोटा सा एहसास*

एक छोटा सा एहसास
कोई है हमारे साथ
जब भी हम हार जाये
थक जाए जीवन की राह चलते-चलते
बैठ जाए हार कर मुश्किलों का सामना करते-करते
तब एक अदद हाथ दोस्ती का आए
जो डर को भी जीतने का अवसर बतलाए
हम सभी को चाहिए वह साथ
जो डरे ना स्वयं
हम भी सही राह दिखाए
क्योंकि हम सभी को चाहिए.....
एक छोटा सा अहसास
कोई है हमारे साथ

42. *क्या तुम एक ही हों?*

क्या तुम एक ही हों?
किसी के भगवान
किसी के जीसस
किसी के अल्लाह हों
या
मन की सुप्त अलिप्त ऊर्जा का बोध हों
जीवन की कठिनाईयों में आत्मनिर्भर हों
प्रेम में स्वयं हों
हर अच्छाई में
हर सुख में
बस तुम ही नजर आते हों
हाँ तुम कोई और नहीं
मेरे मन की करुणा
आनंद ऊर्जा का रूप ही तो हों
जो मंदिरो मे भगवान
चर्च में जीसस
मस्जिद में अल्लाह कहलाते हों

43. * ख़र्च कर दिया....*

किसी को अपना बनाने में
किसी का हो जाने में
किसी को भूल जाने में
किसी से रूठ जाने में
किसी में खो जाने में
हां ख़र्च कर दिया ख़ुद को
हर किसी से रिश्ते निभाने में
अब मैं तृप्त हूँ
खाली हूँ स्वयं से
बाट जोहती हूँ मैं
फिर उसी अधिकार के लिए
जिसके लिए
ख़र्च कर दिया ख़ुद को

44. *आफताब*

जो कभी आफताब बन चमकता था
किसी की नज़रो मे
आज जूगनू बना बैठा है
क्या करे!
सोचता है अकसर
जो अर्श से फर्श पर आ गीरा है
या
इंतजार करे उस गहन अंधकार का
जिसमें चमक उठे वह
अपनी पुर्ण ऊर्जा से
अपने जीवन को
सार्थक सिद्ध करे
फिर देखे
वह स्वयं को उन्ही नज़रो से
और स्थापित करे स्वयं को
स्वयं का आफताब बन कर

45. ✳शमशान वैराग्य✳

• 45 •

बहुत मायूस हूँ मैं, किसी को कंधा देकर आया हूँ
बैचेन मन बेसब्र है , जैसे खूद को खोकर आया हूँ
जीना क्यों और किसके लिए है ? मृत्यु का तांडव देख आया हूं
बहुत मायूस...
पोते व दादा की खिलखिलाहट सुनी, सहसा गूँजे कहकहे
आंरभ से अंतिम तक, अबाध जीवन गति देख आया हूँ।
मायूस नही हूँ अब मैं,
जीवन मेरे प्रिय जीवन,
मैं पुनःश्च लौट आया हूँ

46. *प्रेम*

अचानक मेरे मन ने पूछा
प्रेम क्या है?
मेरे प्रिय तु ही बता यह प्रेम क्या है?
क्यों मुझसे स्वयं का गुणगान करवाते हो
क्यों स्वयं की ही कथा सुनवाते हो
प्रेम तुम्हारी तरह ही विलक्षण है
अकल्पनीय, अवर्णनीय, अनंत है
जो प्रारंभ से अंत तक साथ दे
गले के हार से, हाथों मे छड़ी आने तक
अंतिम पग से ,मधुर स्मृतियों में आने तक
माँ की कोख से स्वयं में उसकी मौजुदगी पाने तक
पिता के सपनों को जीवन में उतारने तक
बेटे की आंखों से जग देखने तक
बिटिया की हंसी में खुद को खोजने तक
फूलों के खिलने मुरझाने में स्वयं को खोजने तक
जो हर पल तुम्हारी तरह साथ रहे
वही प्रेम है
मेरे प्रिय मन
प्रेम तुम्हारी तरह ही अकल्पनीय , अवर्णनीय ,अनंत है

47. *चढ़ते सूरज को...*

वह गिर कर उठता है
उठकर संभलता है
संभल कर आगे बढ़ता है
जब वह शिखर पर पहुँचता है
बस वही जानता है
यहाँ
चढ़ते सुरज को
हर कोई सलाम करता है
टुकड़े-टुकड़े हो बिखर जाता है
एक-एक टुकड़ा इकट्ठा कर
फिर से तैयार होता है
जीवन रूपी अग्निदिव्य को पार करता है
बस वही जानता है
यहाँ
चढ़ते सुरज को
हर कोई सलाम करता है
डुब जाता है दुःख के रसातल मे
सभी ओर से खुद को हार जाता है
फिर इकट्ठा करता है विश्वास
पकड़ के जीवन की डोर
बनाता है एक नयी राह
बस वही जानता है
यहाँ

सौ. मीनल आनंद विद्वांस

चढ़ते सुरज को
हर कोई सलाम करता है
रोता है सहता है गम
लेकिन गिड़गिड़ाता नही
किसी के सामने रोता नही
बनाता बिगाड़ता रहता है
अपनी हथेली की रेखाएँ
बस वही जानता है
यहाँ
चढ़ते सुरज को
हर कोई सलाम करता है...